Quiero Ser Bibliotecario

QUIERO SER

Bibliotecario

DAN LIEBMAN

FIREFLY BOOKS

A FIREFLY BOOK

Published by Firefly Books Ltd. 2003

Primera edición

Publisher Cataloging-in-Publication Data (U.S.)
(Library of Congress Standards)

Liebman, Dan.
    Quiero ser bibliotecario / Dan Liebman.
1st ed. in Spanish.
[24] p. : col. photos. ; cm. – (I want to be – Spanish language ed.)
Originally published in English as: I want to be a librarian, 2003.
Summary : Photographs and easy-to-read text describe the job of a librarian.
ISBN 1-55297-726-9
1. Librarians – Vocational guidance. 2. Occupations. I. I want to be a librarian. II. Title. II. Series.
331.124102 21   HD8039.L53.L54 2003

National Library of Canada Cataloguing in
Publication Data

Liebman, Daniel
    Quiero ser bibliotecario / Dan Liebman.
Translation of: I want to be a librarian.
ISBN 1-55297-726-9
1. Librarians—Juvenile literature. I. Title.

Z682.L5418 2003   j020'.23   C2003-900146-6

Published in the United States in 2003 by
Firefly Books (U.S.) Inc.
P.O. Box 1338, Ellicott Station
Buffalo, New York, USA, 14205

Published in Canada in 2003 by
Firefly Books Ltd.
3680 Victoria Park Avenue
Toronto, Ontario, Canada, M2H 3K1

Photo Credits

© AP Photo/Jacqueline Roggenbrodt, pages 10-11

© Harry Cutting Photography, page 9

© Chip Henderson/MaXx Images, front cover, page 18

© Mark E. Gibson Stock Photography, pages 6-7

© Monroe County Public Library; Bloomington, IN, page 23

© SW Productions/Getty Images, page 12

© George Walker/Firefly Books, pages 5, 8, 13, 14, 15, 16, 17, 19, 20-21, 22, 24, back cover

The author and publisher would like to thank:

Baycrest Centre for Geriatric Care, Toronto
Inta McCaughey, Bruce Public School, Toronto
Katherine Quan, Jones Public Library, Toronto
Saira Mall, Greg Patterson and
V.W. Bladen Library at University of Toronto at Scarborough
Debbie Johnson-Houston

Diseño de Interrobang Graphic Design Inc.
Impreso y encuadernado en Canadá por Friesens, Altona, Manitoba

El editor agradece el apoyo financiero del Gobierno de Canadá, a través del Programa de ayuda al desarrollo de la industria editorial, para sus actividades editoriales.

Las bibliotecarias ayudan a las personas a encontrar los libros que necesitan.

Esta estudiante está trabajando en un proyecto. El bibliotecario la ayudó a encontrar el libro adecuado.

Los bibliotecarios eligen libros para la biblioteca. A estos niños les gustan todos los nuevos libros.

Puedes pedir libros prestados con una tarjeta de la biblioteca.

Los bibliotecarios tratan de explicarle cosas a la gente.

El catálogo computarizado ayuda a que la gente encuentre lo que está buscando.

Los bibliotecarios o sus asistentes ponen el material de vuelta en los estantes. A los asistentes se les conoce como "pajes".

A esta niña le gustan los cuentos de animales. La bibliotecaria le muestra un libro interesante.

Esta bibliotecaria trabaja en un hospital. Ella ayuda a los doctores y a las enfermeras a buscar información.

Esta bibliotecaria para niños está leyendo en voz alta. Cada semana se ofrece una tarde especial de lectura de cuentos.